© 2022, Emmanuel Tugny, Anna Katharina Scheidegger
Édition : BoD - Books on Demand, info@bod.fr

Impression : BoD - Books on Demand, In de Tarpen 42,
Norderstedt (Allemagne)

Impression à la demande
ISBN : 978-2-3224-6027-4
Dépôt légal : octobre 2022

« Comme charme et comme glaive »

> *…Et l'étoile lui souffle un verset de retape / Et puis un mètre / A retenir. / C'est ce que le poète ne saura jamais/ Manquerait plus qu'il sût / C'est aussi le secret que l'on garde en secret ; / Le grand secret pas su dont se fiche le monde.*
>
> Emmanuel Tugny. Un Terme, III, 6

Voici donc avec *Un Terme*, un ouvrage insolite, un ouvrage qui ouvre une voie originale. Langue, style, versification, thèmes, tout nous plonge dans un monde poétique sinon totalement nouveau, du moins différent. Le texte liminaire nous donnera une idée de cette nouveauté.

Nul désert qui ne prête corps / Au vivant / Pour qu'un livre nouveau des Heures / Assigne la matière au temps / Je dis je vais dedans / Je vais sans / Et je vais mon « va » cependant/ Passée la portée de mon pas.

À première vue, on pourrait penser que nous avons là de la prose et non de la poésie, puisque dans ce bloc compact de phrases, toutes les marques de la poésie semblent avoir disparu (strophe, rimes, vers...) Or, à y regarder de plus près, on découvre que l'auteur nous a quelque peu mystifiés pour notre plus grand plaisir !

Nous n'avons pas des vers, certes, nous avons des segments de phrases séparés par des barres obliques qui scandent visuellement ces segments, mais ceux-ci sont rythmés. Octosyllabes pour la plupart, interrompus par des tercets ou un sizain, ils nous proposent de découvrir d'autres procédés poétiques : assonances (temps, dedans, sans cependant), allitérations : passée la portée de mon pas, enjambement (le premier « vers » doit se prolonger au-delà de la barre oblique, « qui ne prête corps au vivant ») Et tout le recueil va se développer selon ce schéma, à travers quatre parties, quatre tableaux, de 16 poèmes chacun, qui s'achèvent sur un épilogue de 4 poèmes. Les poèmes comptent trois à dix lignes, construits comme le poème liminaire et font alterner octosyllabes, tercets, quatrains, sizains, à l'exception de la dernière partie, le quatrième tableau, où nous avons un élargissement de la forme, puisque à travers des épilogue de 4 poèmes. Les poèmes comptent trois à dix lignes, construits comme le poème liminaire et font alterner octosyllabes, tercets, quatrains, sizains, à l'exception de la dernière partie, le quatrième tableau, où nous avons un élargissement de la forme, puisque à travers des poèmes plus longs, nous trouverons des alexandrins, dans une sorte de crescendo final.

Un Terme, le titre d'emblée nous interroge. Riche d'ambiguïtés sémantiques, il nous propose des sens et des directions multiples.

Dans le recueil ce mot apparaît cinq fois.

En I, 9 « Le terme remonte de terre / Et c'est un feu... »

En II, 6 « Ce sont des sillages de fous.../ Qui précisent le terme au cœur.

En III, 3 « J'ai votre peau sous le saccage/Au terme vraiment de la gorge/

En III, 14 « les premiers termes du temps »

En IV, 16 « Puis le terme inventé répond /Sous la semelle/

Mais de quel « terme » s'agit-il ? « Terme » compris comme une fin, une borne dans le temps, dans l'espace ? Ou bien « terme » renvoie-t-il à « mot » « expression » ?

Les exemples du texte semblent suggérer ces deux sens, et nous invitent peut-être à les superposer pour en tirer l'idée d'une borne de l'expression, d'une expression arrêtée, et on ne peut s'empêcher de rapprocher ces poèmes qui sont achevés en eux-mêmes, qui se suffisent à eux-mêmes, des poèmes de Stèles de Victor Segalen. La stèle est une pierre levée qui marque une limite, une borne mais qui porte aussi une inscription. Et comme le passant s'arrête pour décrypter les signes mystérieux que révèle la stèle, le lecteur s'arrêtera pour déchiffrer le sens de ce recueil. Mais quel sens ? Et c'est là aussi que ces textes sont nouveaux, inédits et originaux.

Car, cette poésie a ses secrets, elle ne se donne pas immédiatement, c'est une poésie exigeante, qui interroge, qui interpelle. Poésie oraculaire, elle emprunte à l'oracle sa forme brève et obscure. Rien ne lui ressemble et pourtant un nom vient à l'esprit, celui de Mallarmé. On retrouve un même sentiment d'étrangeté dans les poèmes d'Un Terme que dans certains poèmes de Mallarmé. Ainsi dans La Chevelure, par exemple.

> La chevelure, vol d'une flamme, à l'extrême
> Occident de désirs pour la tout déployer
> Se pose (je dirai mourir un diadème)
> Vers le front couronné son ancien foyer...

Dans Variété II, Paul Valéry, parlant de l'œuvre de Stéphane Mallarmé, écrit : *« En cette œuvre étrange, et comme absolue, résidait un pouvoir magique. Par le seul fait de son existence, elle agissait comme charme et comme glaive. ...Son apparence d'énigme irritait instantanément... »*

On aborde ces poèmes énigmes, comme on aborde *La Chevelure*, avec un certain étonnement, avec aussi peut-être cette « irritation » de ne pas comprendre. Et puis on se prend au jeu, parce que l'esprit est titillé, alerté et parce qu'on sent confusément que quelque chose de nouveau nous est offert, qu'un secret pourrait nous être révélé, que l'oracle pourrait nous être traduit...

Le lecteur se retrouve, semblable au voyageur qui aux portes de Thèbes faisait face au Sphinx. Et le Sphinx /poète lui pose son énigme. Le lecteur ne risquera pas sa vie, mais en cherchant, en tentant de répondre, il s'ouvrira à une autre dimension. Il deviendra cet aventurier qui, à la suite de l'auteur, engage son être dans une quête sur un chemin ardu mais très excitant pour l'esprit, pour les sens.

On entre dans ces textes comme dans un labyrinthe. Et puisqu'on convoque les mythes anciens, on pourrait évoquer ici Thésée cheminant dans son labyrinthe comme le lecteur cheminera dans un labyrinthe grammatical, lexical, avec ses sinuosités, ses mystères, allant d'étonnement en étonnement, croyant s'y perdre pour mieux se retrouver....

Mais comment y pénétrer ? Quel fil rouge suivre ?

En effet, comme chez Mallarmé, la syntaxe est souvent bousculée. Elle n'obéit pas à cette fameuse exigence de clarté qui nous est religieusement enseignée, elle obéit non pas à un sens logique, mais à un chant interne ; par ailleurs, la langue offre une grande diversité dans ses composantes lexicales et en cela elle diffère de la langue de Mallarmé.

Une liberté totale préside à l'utilisation du vocabulaire, des images. Elle va parfois jusqu'à un usage inattendu de l'auxiliaire (III,14). Et de cette liberté naît une langue nouvelle qui va puiser ses outils, ses mots, ses termes, dans les textes sacrés, dans la Bible, (« le bon dieu », l'Esprit Saint, Malachie, Balaam) ; dans le mythologie grecque (la chèvre Amalthée, Ixion...), scandinave (Andvari, nain de la mythologie nordique), dans l'Histoire (Juan Ginou de Sepulveda, personnage qui a participé à la controverse de Valladolid, les Mau Mau, les Zaporogues...) Toutes ces références révèlent un goût pour les différents niveaux de connaissance.

Le mystère s'épaissit avec des mots rares (partement, terraqué, nemeton), des mots oubliés et ressuscités (chigner, s'esjouir). Mais le plaisir des mots s'élargit et va jusqu'à l'usage de termes et expressions argotiques (le tarin, où qu'est-y), crus (caguer, burne). On découvre la langue des marins (haveneau, aber), des botanistes et entomologistes (imago, déhiscent), des peintres, des musiciens... Et de même qu'on a oublié la clarté syntaxique, on laisse de côté l'unité lexicale. Des mots « nobles » voisinent avec des mots triviaux (« Or tout le jointement s'anime, / Allez voir dessus si j'y suis ») des mots courants rencontrent des mots d'une langue soutenue (« Un cierge paterne illuné / Dans le sinus... »), des mots techniques s'allient à des mots poétiques, etc. C'est un large espace lexical qui s'ouvre au lecteur, un univers total, un monde foisonnant qui offre de nombreuses interprétations, qui étonne, qui interroge, qui parfois oblige à des recherches, mais qui par son mystère même attire et séduit.

Dans *Variations sur un Sujet*, Pléiade, p. 366, Mallarmé écrit : *« L'œuvre pure implique la disparition élocutoire du poète, qui cède l'initiative aux mots, par le heurt de leur inégalité mobilisés ; ils s'allument de reflets réciproques ....*

Certes, Emmanuel Tugny cède « l'initiative aux mots » comme le préconise Mallarmé, mais sa « disparition élocutoire » n'apparaît pas tout à fait. N'est-il pas dans ce « Breton qui cause pour taire » (III,16) évoquant ainsi le mystère de la poésie ? N'est-il pas présent dans les « je » qui apparaissent dans les textes, dans les interpellations au lecteur, dans les « tu », les « vous » ?

Et ne pourrait-on le découvrir également dans « Puis le terme inventé répond / Sous la semelle / A l'oblation du trotteur (IV, 16). Ce trotteur, comme Rimbaud, n'est-il pas l'homme du rythme, le poète ?

Dans son apparente obscurité, en fait, c'est une poésie qui s'adresse à tous, parce que chacun peut l'aborder à sa façon. Barthes disait, à l'instar de Mallarmé, que « la naissance du lecteur doit se payer de la mort de l'auteur ». Mais Emmanuel Tugny nous indique un autre chemin ; il est là, mais il laisse une place au lecteur, le lecteur existe, il coexiste avec l'auteur. À côté du sens qu'il veut donner à ses vers, l'auteur n'interdit rien ! Barthes encore disait : « il y a mille et une lectures d'un texte ». Ainsi, chaque lecteur a le droit de rêver, de chercher, d'imaginer, de suivre le chant du poème selon son propre mode, comme on pourrait le faire avec le poème liminaire.

Nul désert qui ne prête corps / Au vivant / Pour qu'un livre nouveau des Heures / Assigne la matière au temps / Je dis je vais dedans / Je vais sans / Et je vais mon « va » cependant/ Passée la portée de mon pas.

Nous pourrions découvrir dans ce poème, une tonalité religieuse. La poésie se présentant ici comme un « livre nouveau des Heures ». La majuscule du mot Heures, nous renvoie à un livre liturgique qui rythme le temps des hommes, des poètes et que le poète va investir « Je dis je vais dedans » dans une sorte de « pauvreté » du sens. « Je vais sans » / Mais il y a une injonction intérieure qui le pousse. « Je vais mon « va » cependant/ Et ma liberté de lecteur, de lectrice, me permet de voir dans ce « va » l'injonction de Dieu à Abraham. « Va », quitte la maison de ton père, quitte les chemins traditionnels, emprunte une voie nouvelle ! Pour un poète, cette injonction doit le conduire sans doute sur des chemins littéraires nouveaux, en rupture avec des formes anciennes. « Passée la portée de mon pas ».

Cette tonalité religieuse, se retrouvera tout à la fin du recueil où tout l'épilogue évoque des images, des figures qui appartiennent à un univers religieux, à un univers chrétien.

Les deux premiers poèmes se terminent sur : « c'est l'Avent », le troisième nous conduit dans la Maison du Père « je souque dur pour la Maison du Père », et comme souvent chez Emmanuel Tugny, à cette tonalité religieuse, à la présence de ces « termes » religieux, s'ajoute une petite touche d'ironie « L'Enfant-Jésus soyez moué bonne fille. »

Quant au quatrième poème ; il commence par « mon ange a descendu / Ses ptoses.../ « Il n'y a pas un monde, il me chante, perdu, / Ce qui ne revient plus ne te revenait point ».

Mais cette poésie s'adresse à tous aussi, parce que comme nous l'avons vu, elle est aussi un chant, comme l'annonce l'ange « Il n'y a pas un monde, il me chante... » Elle est musique. En jouant avec les mots, avec les sonorités douces ou rudes, avec les allitérations, les assonances, avec tous les procédés poétiques, avec les rythmes, le poète crée un chant. Et si le lecteur ne trouve pas le chemin du sens du poème, il trouvera sans doute celui de sa musique. Le recueil est divisé en tableaux, qui évoquent des images, un monde, un univers, mais on pourrait dire aussi qu'il est divisé en mouvements comme dans une sonate, comme dans un quatuor. La musique n'a pas besoin de compréhension immédiate, elle se ressent, elle touche, elle émeut, elle pénètre l'âme et c'est ainsi qu'on peut lire aussi les poèmes de ce recueil.

Reine Mimran
Professeur de littérature

Un Terme

Pour ma Femme.

PREMIER TABLEAU

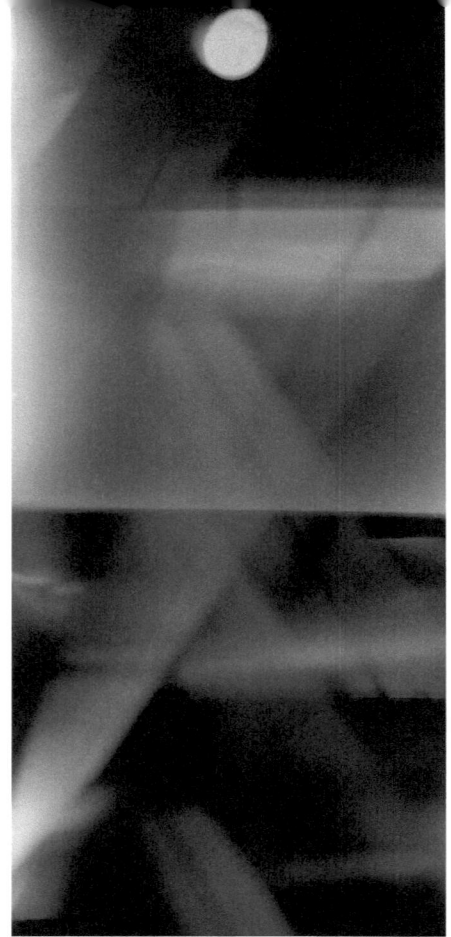

Nul désert qui ne prête corps/ Au vivant/ Pour qu'un livre nouveau des Heures/ Assigne la matière au temps/ Je dis je vais dedans/ Je vais sans/ Et je vais mon "va" cependant/ Passée la portée de mon pas.

Nuit m'était donnée par vos mânes/ Et j'y frôlais/ Les vols que ne leste que tchi/ Du long ciel vrai./ Mais un matin remit en chaire/ Un chien de Moloch à front plat./ Voici ce que c'est que de vivre: / Un éveil au regret du chant.

Reine petite des grands jours/ Que la vie ramène à son cours/ Toujours toujours comme son bien/ Son bien le plus charmant, sait-on/ (Rien jamais n'attesta que non)/ Vraiment d'Amour je ne connais/ Que celui qui porte vos traits/ Toujours toujours comme son faix/ De vie vraie !

Nouer fait le printemps solide/ Et la vertèbre vient au pré/ Comme elle noue/ Tiens c'est avril/ D'un canal deviné son fil./ Un tonnerre abonde la terre/ Ou bien le bon dieu, c'est selon.

Comment dire je rends mon or/D'une gueule chaulée qu'arpente/ Un petit point d'os indigo/ Qui fait aussi bien oiseau qu'ange/ Et que suspend/ Son soufre égal/ Vous êtes en votre distance/ La présence à tout d'un levant.

Carillon qui sinues longtemps/ Dans les venelles terraquées/ De l'atome/ Appelle à soi ma vie formelle/ Avec sa mémoire de rien/ Plein la matière !/ La nuit la palpitation/ Des poitrines vieilles bassine/ Un enfant triste./ Ventres traversés de lueurs/ Rendez-lui sa ponctuation/ D'encens noir et de galaxie!

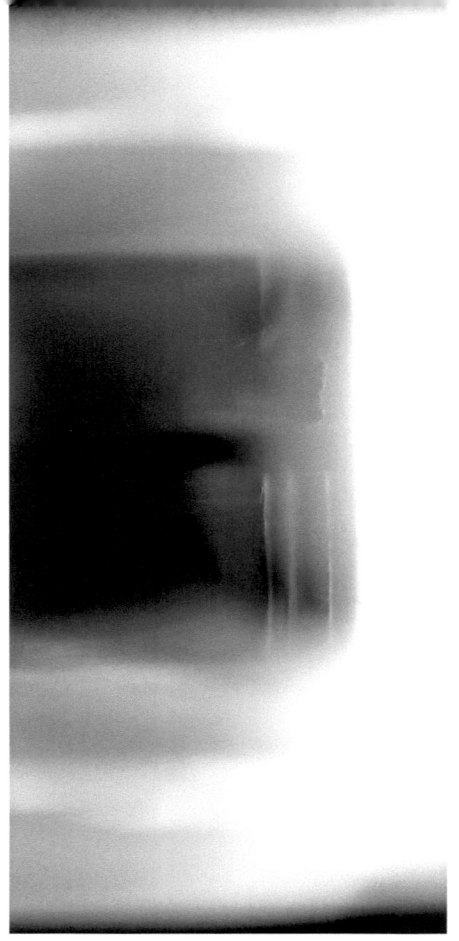

Vouez-moi l'animal assis/ Devant ce qui fut l'ordre seul/ Au livre forcé d'inférer/ De ses propres propriétés./ Faites qu'il me revienne sage/En l'hiver où je ne suis plus/ Comme une comète ou bien mieux :/ Comme un franc salut du bon dieu !

Vous avez, enchâssée dans l'œil/ Toute la part élémentaire/ Des nuées/ L'orage vous est un caillou/ Dégouttant de l'orme principe/ Comme le veneur des enfances/ Pris dans le benjoin de son Christ/ Et ce qui vous tourne regard/ A bien de la peine de vivre.

Une pluie chaudronne la dent/ Du rond soleil/Comme l'organe infesté bat/ Du mauvais pouls/ Le terme remonte de terre/ Et c'est un feu/ Buté dans la vigueur d'Atlante/ Où l'on bée.

Il n'est pas une cause neuve/ Où le bol du ciel stomacal/ S'élucide en un partement/ Des essences/ Et les vols cabotant de tout/ Dessus la mousse/ Emportent la pousse et la nue/ Dans le ventre et sous l'envergure/ Ou mieux : rien de bagage pour/ Le jour peint sur peau d'Arcadie !

La tête vieille en ses douleurs/ A l'épreuve vache annoncée/ Des monolithes/ Bat comme bat le nemeton/ Devant la lune/ Or c'est un chien que mène brute/ A la curée : / Oyez le jappement du fou/ Que sa bête va dévorer/ Faute d'un sang carié mieux.

Des oies gourdes plein le Léthé/ Le flamand patte prise/ Avec soleil roux remembré/ Pour aller droit./ Les foules en cercle d'orants/ Dessous le soufre/ Et l'enfant remâchant, mignon/ Sa larme grise: / Me referez-vous un pays/ Vous qui fûtes mon œilleton/ Mon chas retoqueur de chameau/Vers les touffeurs nuées de frais/ De l'autre monde ?

Vous avez reconnu dans l'être/ Une singularité comme/ Un penchant l'envoyait refaire/ Un asile dernier peut-être/ Au-delà du ciel des vapeurs/ Dont rien jamais ne se dépend/ Si ce n'est le goût souverain/ Du secret.

Les deux mollets fichés dans l'air/ Qu'agace une rate invisible/ Emprise en Dieu/ Gondolé dur/ Devant la gigue des raisons/ Lucide à mort comme une borne / On va finir. / Faisons plutôt sans vérité/ Passe par ici, moi par-là/ Sur l'air du tradéridéra /Le monde bouclé fait l'affaire : / Sonne ton glas.

Oh vos bottes de prussicole/ Et la pourpre cardinalice/adornant votre petit pas/ De madone au genou chéri !/ Comme la vie passe immobile/ A grands frais d'amour par-dessus : / Je n'aurai, croyez-en ton ogre, / Aucune autre joie rigoureuse !

La chèvre anagogue et son cran/ Dans la ponctuation d'atome/ Alors tu la suivais, ma tonne/ Épouvantée ? / C'était pour dire on fait chemin/ Vers la sainte porte boudant/ De Samarcande ?/ Ou c'est qu'un ange privé d'heure/ A rongé son frein sur ton dos/ Traversé d'échine putain...?

DEUXIÈME TABLEAU

Alors l'abîme a recrevé/ Contre la levée de sang noir/ Et la grosse Saturne a fui/ Du nœud du con : / La toux vous manque ce matin,/ Qui rendait son cielétoilé,/ L'on aura trépassé, Ma Dame/ Allez savoir : / Un silence a passé partout/ La grande éponge !

Un axe de fonte étonnée/ Fait la soudure/ Entre les plans de votre plan,/ Signe fiché/Dans sa cheville/ Avec Golem et fond de gueule/ Or tout le jointoiement s'anime, / Allez voir dessus si j'y suis, / Pour le déhanchement de nuit : / Les tréteaux sont dressés, bon dieu, / Faites-vous voie !

Vous avez un roulis-tangage/ Au palais de la tête fauve/ Avec un larmoiement dedans/ Sous le drain qui bonde la dent./ Dur Moloch à fossette fille, / Vous êtes ce que vous croquez : / Vous faites le vol et la proie/ Pour que l'os affleure au donné !

Sommité t'est donnée/ Dans le pas du pêcheur/ Fraise étendue de soi/ Par tout l'étagement/ Rompu de buse/ Et si l'on veut d'effraie/ Fendu sous la jacasse/Ou dangereux ainsi/Qu'au déchirement cru/ De l'empyrée charbon : / S'affaire un dieu / Valant siphon.

Au brou particulier du sens/ La nuit s'esjouit de finir/ Comme la gueule du chameau/ Sur la taie d'ambre salivaire !/ Poissement gai du rigodon/ Qui fais ma longe et mon salut,/ Cède ce que tu me refuses / Et me refuse concession/ Pour que m'altère du soleil/ Exsudant larme !

Vous avez tout du satellite/Aux mille pieds/La lande vous refait le poil/ Pour l'envolée : / Ce sont des sillages de fous/ Fichés dessous/ L'aisselle du sujet pensé/Par les bêtes du temps du rêve/ Et leur mémoire emprise d'air/ Qui précisent le terme au cœur.

Tout est retour qui s'est formé/ Contre la vie : / La rose immarcescible mord/ Et la nuée !/ Or la peau qu'on avait tendue/ Devant le croc/ S'est piquée de fonge de Brême/ Et va sa ruine : / On ne vaut ici fors un jour/ D'éblouissement tout bijou/ Qu'en tant que projet de finir !

Louve rompue dessous la dalle/ Et qu'infeste un mica goulu/ De lente jaune/ On a rapporté votre asile/ À la cité sainte du ciel/ Pour s'avancer : / Suis le sabot qui rompt la pente / Et carre la croix sigillaire/ Au stylet retour de façon/ Dans le pavé blond de Ninive.

Et comme nous allions davantage en l'étant/ Long la masse du monde/ Au rachis de caillou/ La clé répercutée dans l'essaim des mucus, / Nous fut d'un coup sans rire appliquée cette chute/ Où vraiment nous nous saluons/ Bouche chacun de l'autre bouche/ Et son crâne appendu sous nue/ Par la pogne faramineuse/ Ou les asthmes du dieu vivant !

La poterne noire à ses vents/ Travaillés de ronces que lace/ Un tressaut de lièvre commun/ Puis c'est la mer/ Et votre idole/ Achevée de lippe mandingue./ Une jetée prise en le ventre/ Où vous sont avancées des quilles.

Tu as l'esprit rivé dans la façon du monde/ Et ses bons tours/ Les déduits du morse à son petit carreau/ De terre crue/ Tu as l'esprit dedans la blessure tenue/ Par le réseau des nerfs et son long penchement, / Par l'horizon pareil à son soulignement/ Dans le crâne du fils et sa nasarde affreuse/ A qui tu dois/ De mettre bas/ L'engeance épouvantée qui promène ton nombre.

Haveneau tout nerf et vertèbre/ En quoi se décille l'œil blanc/ De l'imago/ C'est chez toi chez moi, ce me semble/ Et j'attends que vienne un vertige/ A mes grands nougats entravés/ Par un dieu tors ourlé de frais. / Vois, ma barque a tôt fait long feu/ Dans son cœur d'aber échoué.

L'os est guilloché comme un cœur/ De marjolaine/ Et le suc y dégoutte doux/ Vers la tempe où s'applique un taon/ Vous avez vécu pour de bon/ La débâcle de reverdie/ Puis un merle est issu de mousse/ Avec amanite et poison/ Pour des abîmes. / Cependant l'air est doux, voyez/ Ce que c'est que c'est que de nous !

Cygne ou l'Alcyon claudiquant/ Comme un méchant rêve de rien/ Sur la nichée de Rapa Nui/ Les couloirs piqués d'orchidée/ Du salon grès vous font escorte/ Avec le soleil descendu/ Sur le tarmac/ Afin qu'asile vous soit doux/ Dans les premiers termes du temps.

Thersite fille émue/ Par les métamorphoses/ Et l'insecte à l'ouvrage/ Au repos de mangrove/ Une mousse encoignée/ Dans la lèvre qui bée/ Pour faire oblation, / Vous n'avez au lieu d'un bon dieu/ Qu'un poème à chigner toujours/ Missel au cul comme une poche/ Empesé de suint cloacal/ Vous ronchez « veni creator »/ Avec une autre tête à faire : / A votre Grâce de jouer / Curez-moi ce caveau d'idée !

Je veux mon marbre sous la joue/ D'efflorescent sinople/ Et ma fenaison de frelons/ Roulant jusqu'à des ciels/ Une meule de chanvre roux. / Pour que fraternité me vienne/ Et conscience/ Avant que la rade ne cède/ A l'étrave abrutie de poix/ Je veux mon marbre sous la joue.

… TROISIÈME TABLEAU

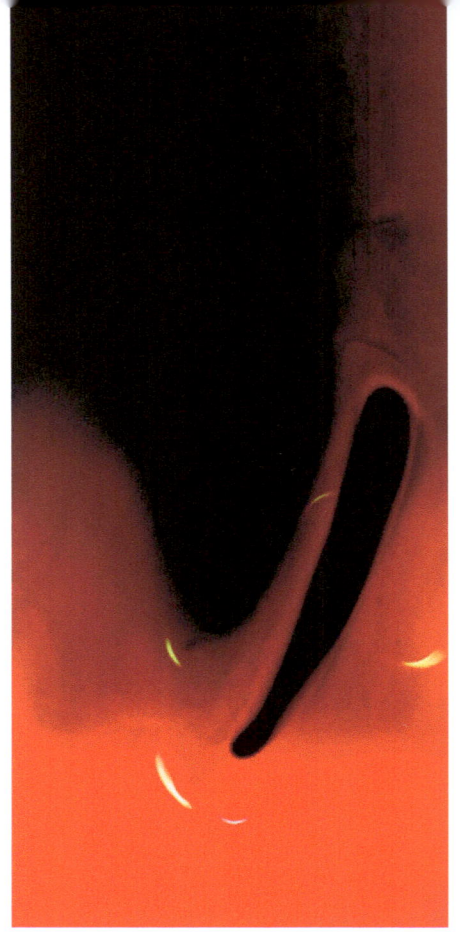

Balaam est au Nébo/L'ânesse dans son flanc/ Le sceptre de Moab en gorge pour la pousse/Un petit ciel de crêpe a levé dans son œil/ Et toute la nature arrange sa carrée/ Dans son ventre qui feule./ Ainsi qu'on a son livre on a son liseron/ La nervure à l'étoile et la fleur au timon.

Dottor Frocino de Ninive/ Imperator à ras la gueule/ Empenné de chatounes gaies, / Fileur de fil, / Pour qui pour qui ce petit pas/ De carmélite/ Alors que le jour grand rutile/ Et fait son rond ? / C'est la parade ainsi voit-on/ Le Bon Dieu tourner Pantalon/ C'est comme au cabaret pucier : / La chalandise tient son dû.

Floraison pauvre de Marie/ Ronde sous cintre/Un cierge paterne illuné/ Dans le sinus/ La parabole à bout d'abscisse/ Et cent saints d'idiots sous le coude/ En tant que de, / J'ai votre peau sous le saccage/ Au terme vraiment de la gorge/ Et je vous chante : / On ne fait pas, grâce m'échoie/ Ce que l'on veut de ce qu'on veut.

J'ai mon vilain cerne d'essence/ Ourlé de cire/ Et j'y serre un livre pour vous/ La route bue, la route bue. / L'aine qui va/ Finir en brune/ Aux fumures roses vous griffe/ Un adieu farce, digue don/ digue dondon digue dondaine/ Un adieu farce dans le front !

Oh le transi de la vie neige/ À son épingle/ Oh la soldatesque mangée/ De poux cerise/ Oh le monde abruti de clous/ Portant pylore : / Une fourragère vous pèse/ Ah c'est l'alarme : / Et le ventre a fourbi son bol / Pour la chiée soufre de nuit.

L'œuvre de Malachie s'achève, c'est le jour/ Le canard boîte bas dans son mitan de rouille/ Et l'étoile lui souffle un verset de retape/ Et puis un mètre/ A retenir. / C'est ce que le poète ne saura jamais/ Manquerait plus qu'il sût. / C'est aussi le secret que l'on garde au secret : / Le grand secret pas su dont se fiche le monde.

Nous sommes l'oiseau forant loin/ Le sous des barques/ Une chandelle dans la nuque/ Et la sole lestée d'ajonc. / La fée nous flatte le jabot/ Pour que ça magne, nom de nom/ Déjà des pans d'Orient tout cru/ Paraissent sous l'ongle, promis/ Paraissent sous l'ongle fourbi/ Le mât diguedongue plus haut, / Paysager : / Voyez comme la terre est ronde/Et le cœur bon !

De ma bastide de Skyros/ A ma fermeté d'Ultrapont/ Tout est tenu fermement dret/ Par l'éclaircie : / Des partitions de la vie / Vous sautent à l'œil à l'orée/ Puis ce sont les danses sans thyrse / Apprises mal / D'enfants nés des œuvres au blanc / D'un nuage ou d'un ventre feu/ Telle troupe y repose aussi / Comme c'est relâche partout / J'y singe un singe bonne fille / Et me vient ce sourire franc.

Le poids me fut cédé pour rien/ C'était dans l'ordre/ Et la traverse me fut bonne/ Autant que sourde / Avez-vous bien noté pendant/ L'air penché de l'enfant de chair/ Qu'un "Fiat." intimidé fit meule/ A vos longs prés fourbus sous grêle ? Ah, voici tous les corps du monde/ Appliqués à vider mon mien !

Burne vieille à fond la godille / Et fleur d'écrou / Le plan terre a votre galoche / Et tout esprit. / Du souffle il restera vagir/ Au temps prescrit, / Ce clocheton qu'articula/ Votre gorge flappie d'aimer !

Pourquoi faut-il que le sang vienne/ A confesse par le tarin/ mouché par le faramineux/ Doigt de macreuse ? / A quoi me vaut d'avoir échelle / Au dégel indéfiniment/ De vertu qui valût qu'on vaille ?/ Il y a que la venelle est gaie/ Comme la corneille dessus/ Puis le troène/ Ou que plus rien passe nïent/ Quand il revient de faire fin.

Ô l'échine des chérubins/ Comme on s'efforce/ Aux forces de nature et tant/ Que vient un cal/ C'est tout à fait la lande encor/ Et la couvée/De la lente et de l'imago : / Comme ça va ! / D'abord on voit pas tout bien net/ Or, c'était là : / La vie première est une danse/ En quoi fut remisé du temps.

Si c'est pas redoutable la gaule qu'il a, / L'Ixion de papa, lema sabaqthani !/ Si c'est pas la première à la foire aux pendus/ Près l'écluse aux pavots ! / Comme il avait perdu son astre dans la mare/ Andvari me conçut 'vec un ongle terrible /Et j'ai bu son anneau comme une cire crue !

Vaisseau monté sur trois bouchons/ Que fourbit encore à paluche/ Un putto carmin de cirrhose, / On n'aura mené nulle part ! / Le livre est serré ben tranquille / En son trou de Gethsémani/ Sur quoi cague un sansonnet creux / Débarrassé d'âme, on dirait. / La nuit tombe : elle avait tombé / Son miracle et s'en va fouiller.

Ce qui descend rompu de toux/ Sur notre pilori de craie/ Avec les anges en goguette / A son grand projet pour la vie / Du moins fait mine : /Avez-vous vu combien balance/ Un peuple des peuples lascif / Avec des baies en place d'yeux / Rosies d'amour/ Est-on pas tout le prix du ciel, / Chaviré, / Comme des épaules de rien/ Soulèvent le plomb dévorant / Du corps concédé pour la ronde ?

Où qu'est-y ta famille en terre/ Avec loriot pour ambassade/ Et fleurette dispose autour/ Comme une fraise ? / A-t-elle vue sur ton caillou / De Breton qui cause pour taire / Une présence ourlée de vent ? / Est-il un de tes colonels / Pour mener ta charge dans l'air/ Et les genêts ? / Ou bien cornes-tu de ta corne / En muet qui trottine en mule / Où déjà la cité tombée / Lèche sa ruine ? / Oyez je prie sur les genoux / Pour que me seconde l'esprit !

QUATRIEME TABLEAU

Ronron mon cauchemar/ Devant la portraiture/ Et deux câlins de boucs/ Tombés de L'œuf au crin/ D'automneuh mais vraiment... / Rongez le foie d'enfant / Pas fini de tout membre : / Il me ressemble un peu !

Un dieu léger de la caboche/ A foré sa niche en mon pli : / Parole accompagne sa gigue/ Outre clairon citron tonnant/ Dans l'envers de ronde atmosphère/ Et nébuleuse si l'on veut / Qu'un visage irrompe sur l'axe/ Où le crâne lâche un regard / Comme une chiée d'étourneaux./ Dansez tournez penchez, mon sang / Pour me faire un nombre d'objets !

J'ai mon cuir aux trois Ripolin/La dague flûtant vers la cale/ Et ma mouette indéfinissant/ Le plan nu sur quoi me boulotte !/ Oh dis, comme ma yole a pied/ Sur la grève adornée de jonc !/ Puis comme on a disposé tout/ Pour le départ à Pantalon ! / Quelqu'un m'aime, c'est la province / Aux dames rondes d'anévrisme/ Et les coliques d'engendrés/ Font cortège à mon hypogée !/ J'avais tout du nourrain savant : / Pas de doute, c'était donné !

J'ai mon régiment sur le pied : / Mau-Mau plissé de frais/ Côme flambard lesté de frère/ Hetman enté sur Zaporogue / Et fourbi de mitres crevées/ Cavaliers rompus de l'an neuf/ Décurions la bite en sautoir/ Décimations relevées/ Jambe nègre sous l'imago / Légions de maman chérie ! / Comme marchons le vent nous couche / Et la terre est pas plus copine : / Faut-y donc qu'un ciel ait son terme / Après les lunes !

L'étourneau des quatre chansons/La première en définitive/ Et la deuze à cœur éperdu/ L'autre en vers pour trancher le vif/ Enfin celle pour le seul homme/ Où tel œuf éclot de ses nœuds : / Je t'entends cogner sur le mât/ Dans le cliquetis du filin/ M'est alors alloué de croire / Au pendu qu'un ange étrangla/ Pour que de venelle contrainte/ Eût raison la belle étendue !

C'est-y pas doux le frôlement/ De la machinerie de l'os/ Après le derme ?/ Et pas doux le fin fin toucher/ Du dedans sur la fronce crue/ Des méats ? / Tout fut bien comme il faut conçu / Deo gratias / Et si le dehors canasson / Joue du sabot faute de cœur/ L'agencement futé noué / Sur le rachis/ Chatouille pour consolation / Le vélin tendu depuis l'âme.

Créature d'Ammannati, / Têtue devant doulce dessous, / Comme le reître acidulant/ Son picrate avec un phosphore/ Où l'Orient lui soit secourable/ Et la tribade d'Amazone/ Un angélus faute d'amen./ Créature d'Ammannati/ L'ove de ton œil à ribote/ A rendu ce trait de sang noir / Dans quoi je nage à mon affaire/ En élan content de son brâme !

Puis voilà Pâques ; c'est Byzance / Un chat compisse les iris / Et le vélo bombyx et gomme / Arène les trous de la mer / Pour les nichées ! / Je clapote au bout de la grève/ Avec Baal et l'ombre d'Écho/ Le département de moi-même/ Et sa gloire en définitive : / A-t-il pas, le divin enfant/ Marié sa femme première ?/ Et fut-il pas Roy de Bretaigne / Au caillou qui l'élève en Dieu ?

Ah Goddon comment qu'on rayonne/ A regarder suer l'automne/ Au fin bourond providentiel/ De la galoche ! / Et Goddom combien temps passa/ Qui l'étendit dedans le ciel/ Vec la mémoire au ciel aussi/ Parmi de l'ange !/ On passe pffui, regarde comme :/Un terme dur dedans la vie, / Semblerait, mais va-t-en savouère, / Espérait qu'on marchât dessus !

Qui mon âââme et qui la durite/ Et qui mes jours ?/ Qui l'amble rapporté sous ciel/ A l'Eternel? / Et quel être sans sa portée/ Jà recomptée / Pour la décurie du wagon/ Vers Arcadie ?/ Quelle envergure le zoziau/ La palette et le jugement ?/ Fallait tout refaire, c'est vu/ Pour trouver ce que c'est que quoi.

Le monde a bien descendu par le fond : / L'on voit trotter ses petits pieds galbés / Sur la muqueuse et la natte des nerfs !/ Par dessous jaz une coulée de marne/ Avec chiard et poème d'espoir / Puis grand rayon! / Saura-t-on dire, approché le fanal,/ Quel ingénieux nous le mit sous le nez ?

Carapaçon de cheval cave/En ton dedans curé d'image, / Afin qu'il aille, / Une tourmente te pourmène/ À la godille./ Il faut bien que la main procède/ A bout de griffe/ Ou bien rien n'aura chu sur terre, /On aura beau./ Ce que c'est que ta trace d'homme/ En vérité : / Ce mica sonné que l'averse/ Enfondre en soi comme un grelot !

Vous êtes seul c'est entendu/Comme la teste du Bouddha/ Poterne sourde au bout de quoi/ Bamboche une étoile partie./ C'est un jour encor et la boucle/ Ânonne son bon vœu mutique/ Avec la pluie, kien, vous vient chose : / Un terme est toujours ça de pris !

Juan Ginou de Sepulveda/ J'ai bien la ferveur plumassée/ Pis le petit cu dégagé/ Du Caingangue ou du Sataneau, / Le poil roussi dans l'haricot/ D'un Vulcain lécheur de tinette : / Il est vrai, sommes point civil/ Et jamais le serons n'navant/ Mais rétif autant que possible/ Au commerce symbole et ris / De l'humaine édification !/ Que cela soit jusse, m'en fous : / C'est tant bon, mes mignons, pardon, / Diguedon, sacré nom de nom, / La viduité pour de bon !

Dieu d'Israël et cent misères/ Et fonte des apparitions/ Dans un ratatam à faillir/ Je vous aurai prié beaucoup / Mutiquement comme un atoll/ Une esgourde tendue dans l'ordre/ Et l'autre au vivant pour la forme/ Or rien n'est advenu sinon/ Les envols de crécelles vers /Telle Afrique ! / Avons-nous encor à nous dire / Un mot qui vaille retrouvaille ?/ Souvent, comme me vient un souffle, / Il balade sous son revers.

Puis le terme inventé répond/ Sous la semelle/ A l'oblation du trotteur/ Et son histoire de pesée/ C'était là, fiché dans l'à-pic/ Du regain noir/ Et voilà, c'est comme un printemps/ Cramponnant sa purée de griffe / A telle légation d'insecte : / As-tu bien connu que la chute / Est la reverdie de la mousse ? / Ou faut-il que le papillon /Déhiscent comme l'imago, / Se fasse minute, attends voir, / Pour le dessin ?

EPILOGUE

Avec la tique patiente/ À sa verge blonde toujours / Puis sous la nuque de ma sainte/ À son ouvrage radieux / L'œil enquillé comme un linteau/ Dans le ciel retorché de frais/ Vous vous élevez : c'est l'Avent.

Avec le caillou repris cru / Par la taloche de l'aber/ Et l'ankou, la mèche ensuquée, / La sébile au cul pour de rire, / Avec la sterne / Et le fuseau, / La joue duramen et silex, / Vous vous élevez : c'est l'Avent.

Mon visage a son soleil tout pour soi/ Rongé de rune appendue du linteau/ Pour faire masse en la fraise qui voit./ Je souque dur pour la Maison du Père / Et son grand Cercle est cause que chavire/ Un claque infus qui dit son au revoir./ L'Enfant-Jésus soyez moué bonne fille : / Accipite la paire paysanne/ A quoi ne fut concédé qu'une borne !

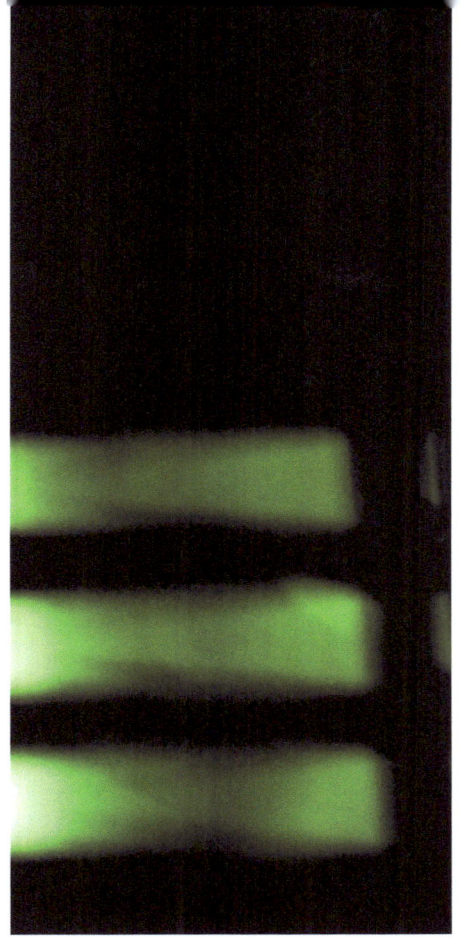

Mon ange a descendu/ Ses ptoses m'exposant/ C'est pour biberonner ma moustache du pouce/ Il fut un temps bonnard, cré-mé bian, c'est demain/ Rossinante écumant me présente sa tripe : / "Il n'y a pas un monde, il me chante, perdu : / Ce qui ne revient plus ne te revenait point."

« There was never a plan, there was just a series of mistakes. »

Robert Caro

Un *terme* est le lieu, le point où se termine un déplacement dans l'espace ; c'est aussi le moment où prend fin, dans le temps, une action, un état.

Afin d'ouvrir un dialogue avec le texte d'Emmanuel Tugny, j'ai interrogé cette définition par par le biais de la pellicule photographique. Instinctivement, on serait tenté d'affirmer que la pellicule arrive à terme - en tant que support de captation - lorsque la dernière image est enregistrée et que le rouleau touche à sa fin. Mais ce rituel n'est que le reflet de l'acte de prise de vue lui-même. Un autre geste suit, anodin et comme dénué d'importance et de signification : celui de rembobiner la pellicule afin de pouvoir la retirer de l'appareil photo. Autour des photographies, images conscientes et désirées, il y a le reste : amorces et fins de pellicules. Ainsi, les extrémités de la pellicule clôturent, enveloppent l'acte de la prise de vue, lui donnent un terme. Le développement enfin, clôt définitivement la fonction de la pellicule comme objet photosensible.

Forte de ces nouvelles impressions, j'ai fouillé dans ma poubelle iconographique. J'y ai trouvé toutes ces amorces et fins de pellicules qui ne sont pas des photographies mais qui pourtant font images. Elles ne montrent pas le résultat d'une image voulue, mais mettent au contraire l'accent sur le hasard, le ratage, l'imperfection. Elles rendent visible un défaut, une erreur. Lors de l'insertion ou le retrait de la pellicule, celle-ci est entrée brièvement en contact avec la lumière, et la surface sensible a ainsi été involontairement exposée. Ces voilages, traînées de lumières se produisent donc avant ou après le travail photographique, conscient et calculé, comme une trace, une rémanence d'une pensée qui s'est mise en route puis achevé.

En 1969, Kurt Fritsche publiait le manuel "Fotofehler Buch" ("Le livre de l'erreur photographique"). En 242 pages, formidablement illustré, l'auteur explique à l'amateur de photo comment éviter les erreurs lors de la prise de vue, lors du développement et de la réalisation des tirages. Ce livre est devenu pour moi une référence. Ainsi, pour des raisons esthétiques ou conceptuelles, je reproduis ou détourne certaines des erreurs qu'il décrit et les utilise volontairement dans mon travail.

Les soi-disant erreurs sont une déviation de la norme. Elles offrent la possibilité de remettre en question le "juste" et, si on les observe sans jugement, elles offrent un potentiel de nouveauté - et évidemment pas seulement en photographie. Presque toutes les innovations résultent de l'expérience d'erreurs antérieures. Les erreurs et les surprises nous obligent à regarder de plus près. Dans l'océan d'excellence monotone, elles éveillent notre attention. Elles aiguisent le regard, modifient une idée, offrent un nouvel angle de vue.

Anna Katharina Scheidegger

Emmanuel Tugny, né en 1968, est écrivain, philosophe, musicien et traducteur. Il a publié une soixantaine d'ouvrages et d'albums.

Anna Katharina Scheidegger est artiste, née en 1976.
"Il s'agit, toujours, d'expérimenter et de documenter. De conserver trace de situations et d'explorer les possibilités de la photographie dans la diversité des usages possibles qu'elle offre. En mettant même à profit des imperfections ou accidents techniques qui vont offrir le possible d'un autre point de vue, d'une réflexion, de doutes et de mises en forme audacieuses. Remarquable technicienne, formée à la photographie et à la vidéo dans l'excellence, c'est la prise de risque qui nourrit son oeuvre qui allie paysages problématiques (les glaciers, la montagne, la nature en danger), recherches graphiques et plastiques (les photogrammes de glace), portraits à résonnance sociale. Tout comme ses performances.
Christian Caujolle, à propos du travail d'Anna Katharina Scheidegger

Anna et Emmanuel créent AnankEd., maison d'édition de "dilections conjugales", en 2022